Klaus Stern
Das Grundgesetz im europäischen Verfassungsvergleich

Schriftenreihe
der
Juristischen Gesellschaft zu Berlin

Heft 164

W
DE
G

2000
Walter de Gruyter · Berlin · New York

Das Grundgesetz im europäischen Verfassungsvergleich

Von
Klaus Stern

Vortrag
gehalten vor der
Juristischen Gesellschaft zu Berlin
am 26. Mai 1999
im Festsaal des
Abgeordnetenhauses von Berlin

W
DE
G

2000

Walter de Gruyter · Berlin · New York

Dr. Dres. h.c. *Klaus Stern,*
o. Universitätsprofessor an der Universität zu Köln

∞ Gedruckt auf säurefreiem Papier,
das die US-ANSI-Norm über Haltbarkeit erfüllt.

Die Deutsche Bibliothek – CIP-Einheitsaufnahme

Stern, Klaus:
Das Grundgesetz im europäischen Verfassungsvergleich ; Vortrag
gehalten vor der Juristischen Gesellschaft zu Berlin am 26. Mai
1999 / von Klaus Stern. - Berlin ; New York : de Gruyter, 2000
(Schriftenreihe der Juristischen Gesellschaft zu Berlin ; H. 164)
ISBN 3-11-016824-3

Grußwort des Präsidenten des Abgeordnetenhauses von Berlin, Professor Dr. Herwig E. Haase

Sehr geehrter Herr Dr. Schmidt,
sehr geehrter Professor Stern,
meine Damen und Herren,

ich freue mich, Sie heute im Gebäude des Abgeordnetenhauses von Berlin, im Herzen der Stadt, anläßlich Ihrer heutigen Veranstaltung begrüßen zu können.

Sie konnten sich kaum einen besseren Ort auswählen als den ehemaligen Preußischen Landtag. Die Geschichte dieses Hauses stand schon vor über 80 Jahren für zukunftsweisende Entscheidungen in Deutschland. Im Dezember 1918 legten die Delegierten des 1. Allgemeinen Arbeiter- und Soldatenkongresses im Plenarsaal des Preußischen Parlaments den Grundstein für die erste deutsche Republik.

Hier aber war auch der Ort, an dem der schändliche Volksgerichtshof seinen Anfang nahm.

Seit 1993 ist das Haus Sitz des frei gewählten Berliner Landesparlaments und damit Teil des föderalistischen Systems der Bundesrepublik Deutschland, deren 50. Gründungstag wir vor wenigen Tagen begehen konnten.

Heute können wir zu Recht sagen, dass die Verkündung des Grundgesetzes zu den glücklichen Momenten unserer Geschichte gehört. Es ist die freiheitlichste Verfassung, die in Deutschland je Bestand hatte. Sie sicherte unserem Land eine bis dahin nicht gekannte politische, wirtschaftliche und soziale Stabilität.

In ihr stehen Freiheit und Verantwortung des Menschen im Zentrum der politischen Philosophie. Freiheit und Verantwortung begründen das Demokratieprinzip gleichermaßen wie das Sozialstaats-, das Rechtsstaats- und das Bundesstaatsprinzip. Gerade die föderale Ordnung des Grundgesetzes, die Eigenständigkeit der Länder, läßt in hohem Maße freiheitliche, regional durchaus unterschiedlich gestaltete Lösungen zu, ohne den Staat als Ganzes in Frage zu stellen.

Freiheit in Vielfalt – dieses Ideal staatlicher Ordnung sollte sich auch das zusammenwachsende Europa zu eigen machen.

Meine Damen und Herren,
auf diesem Weg in ein vereinigtes Gesamteuropa spielt Berlin eine besondere Rolle. Keine Stadt nimmt an dieser Entwicklung in höherem Maße Anteil als Berlin. Berlin liegt zwischen Paris und Warschau – zwischen dem westlichen Leiden am Strukturwandel und dem östlichen Verarbeiten des Erbes totalitärer Systeme.

Berlin vereint diese Symptome auf 880 Quadratkilometer und hat somit die Herausforderungen von Paris und Warschau zugleich zu lösen.

Und das ist die große Chance für die Menschen in dieser Stadt.

Berlin ist der Ort, an dem Ost- und Westeuropa am konkretesten zusammenwachsen.

Gerade vor dem aktuellen Hintergrund der Ereignisse auf dem Balkan muß es das Ziel all unserer Bemühungen sein, dass am Ende dieser Entwicklung die europäische Einigung steht, eine Gemeinschaft freier Völker, die sich zum Frieden und zu den gemeinsamen Werten Freiheit, Demokratie und Achtung der Menschenrechte bekennt.

Ich heiße Sie nochmals herzlich in unserem Haus willkommen und wünsche ihrer heutigen Veranstaltung einen interessanten und erfolgreichen Verlauf.

Das Grundgesetz im europäischen Verfassungsvergleich*

Meine sehr verehrten Damen und Herren,
liebe Studentinnen und Studenten,

„Man kann nicht zweimal durch denselben Fluß waten", verkündete *Heraklit*, der griechische Philosoph, der den Beinamen „der Dunkle" trug. Nun stehe ich zum dritten Mal vor der Juristischen Gesellschaft zu Berlin und kann nur sagen – wie Sie, Herr Präsident des Abgeordnetenhauses, schon deutlich gemacht haben –, es ist ein besonderer Ort, an dem ich rede, nicht mehr das Bundesverwaltungsgericht, in dem sonst die Berliner Juristische Gesellschaft tagte. Aber es ist ja bereits mein Berliner Engagement von 1962 bis 1966/67 und die damit gewonnene Verbindung mit dieser Stadt, der damals noch geteilten, aber heute glücklicherweise wiedervereinigten Stadt hervorgehoben worden. Daher war es für mich selbstverständlich, Ihre Einladung, Herr Präsident *Dr. Schmidt*, sofort anzunehmen, obwohl es nicht unbedingt in meine Arbeitsagenda paßte, einen Vortrag zu erarbeiten. Einige von Ihnen wissen aus den Ankündigungen, daß ich gerade vor der Vollendung von Band V meines Staatsrechts stehe, der sich mit den historischen Grundlagen des Deutschen Staatsrechts beschäftigt und damit manches, was hier, in diesem Hause und noch mehr in ganz Berlin geschehen ist, wiedergibt. Er wird im November erscheinen, und in ihm werden sich die Berliner, denen ich so viel Zuneigung entgegenbringe, ausgiebig wiederfinden.

I.

Wenn ich heute zum Thema „Das Grundgesetz im europäischen Verfassungsvergleich" spreche, dann ist klar, daß zwei Überlegungen hierfür Pate standen: zum ersten das schon erwähnte 50jährige Jubiläum

---

* Der Vortrag wurde in freier Rede nach Notizen gehalten. Der Vortragsstil ist beibehalten. Nachweise finden sich in Band V meines „Staatsrechts der Bundesrepublik Deutschland", 1999, und in meinem Beitrag „Ausstrahlungswirkung des Grundgesetzes auf ausländische Verfassungen" für den Bonner Verfassungskongreß „50 Jahre Bundesrepublik Deutschland – Bewährung und Herausforderung. Die Verfassung vor der Zukunft", der in Kürze im Druck vorliegen wird.

unserer Verfassung und zum zweiten die Einordnung dieser Verfassung in das europäische Verfassungsgefüge. In den letzten Tagen – und daran ist schon erinnert worden – sind zum Jubiläum des Grundgesetzes viele Reden gehalten, viele Artikel geschrieben worden, gute und weniger gute; nun sollen Sie noch eine Rede anhören. Das könnte des Guten zu viel sein. Deshalb möchte ich nur weniges zum Grundgesetz selbst sagen und mich mehr auf das konzentrieren, was das Grundgesetz für europäische Verfassungen bedeutet hat und noch weiter bedeutet.

Immerhin haben wir ein 50jähriges Jubiläum unserer Verfassung zu feiern – für Deutschland eine Premiere; denn wir hatten nicht immer so viel Glück mit unseren Verfassungen gehabt wie diesmal mit dem Grundgesetz. Erinnern wir uns: Die Reichsverfassung von 1849, die Paulskirchen-Verfassung, ist ja praktisch nicht in Kraft getreten, die Weimarer Reichsverfassung von 1919 war nach weniger als 14 Jahren am Ende, und selbst die Verfassung des Deutschen Reiches von 1871 hat nicht die Lebensdauer des Grundgesetzes erreicht. Den 50. Geburtstag einer Verfassung können wir also in unserer schnelllebigen Zeit getrost als eine Besonderheit betrachten. Nicht überraschend hat darum unser Grundgesetz sehr viel Lob erfahren; das ist ihm nicht unbedingt an seiner Wiege 1948/49 gesungen worden.

Wir sollten daran denken, daß die Erfolgsbedingungen für das Grundgesetz 1948/49 ausgesprochen schlecht waren. Aber die Verfassung entwickelte sich prächtig. 1948/49 war Deutschland geteilt. Das Grundgesetz wurde als Provisorium oder, wie andere besser formulierten, als Transitorium (*Theodor Heuß*) verstanden. Jedenfalls war es eine Verfassung, die in schwerer Zeit entstand, in der das Volk Not litt und in der wir den Blick hinter den Eisernen Vorhang zu richten hatten, hinter dem es noch schlimmer aussah als im Westen Deutschlands. Im Juni 1947 gelang es den deutschen Ministerpräsidenten auf der Münchener Konferenz nicht, irgendetwas für die Einheit Deutschlands zu erreichen. Den Ministerpräsidenten aus der sowjetischen Besatzungszone wurde von der Sowjetischen Militäradministration praktisch verboten, über die Einheit Deutschlands oder über Fragen, die nur irgendwie mit ihr im Zusammenhang standen, zu verhandeln.

Die gescheiterte Ministerpräsidenten-Konferenz und der „Kalte Krieg", der sich zwischen Ost und West anbahnte, führten dazu, daß 1948 von den westlichen Alliierten Anstöße zur Schaffung eines „Weststaates" ausgingen. Er sollte sich über den Ländern, die damals schon als Staaten bestanden, bilden. Die Geburtshilfe, vor allen Dingen der Vereinigten Staaten von Amerika, war überaus wichtig für die Entstehung des Grundgesetzes und für die Bundesrepublik Deutschland. Wir haben dieser Hilfe und Unterstützung nicht nur in materieller Hinsicht, sondern auch in ideeller Hinsicht vieles zu verdanken. Nicht umsonst waren denn auch die Verfassung der Vereinigten Staaten von 1787 und andere europäische Verfassungen, etwa die Italiens und der Schweiz, wo etliche Mitglieder des Parlamentarischen Rates in der Emigration waren, in einigen Punkten Vorbild für das Grundgesetz. Für den Grundrechtskatalog spielte auch die Allgemeine Erklärung der Menschenrechte vom 10. Dezember 1948 eine maßgebliche Rolle. In diesem Lichte wollte sich das Grundgesetz als eine Verfassung der Reorganisation des deutschen Staates verstehen, die die Geschichte nicht vergessen machen, aber auch die Zukunft in den Griff nehmen wollte. Sie, Herr Präsident des Abgeordnetenhauses, haben schon betont: Sozialer Rechtsstaat, freiheitliche Demokratie und Grundrechte waren seinerzeit die großen Parolen des Aufbruchs, die den Menschen Vertrauen einflößten. Das ist dem Grundgesetz auch ohne Zweifel gelungen.

Selbst wenn wir uns heute vor die Tatsache gestellt sehen, daß das Grundgesetz 46 Änderungsgesetze erlebte und insgesamt 100 Artikel von ursprünglich 146 davon erfaßt wurden, also nur knapp 50 Artikel nicht betroffen waren, so dürfen wir doch feststellen, daß es strukturelle Änderungen im System, in der Grundorganisation des Grundgesetzes, nicht gegeben hat. Es gab viele Nachzeichnungen, Nachzeichnungen in dem Sinne, daß manches, was 1949 nicht geregelt werden durfte, teils aufgrund alliierten Einspruchs, teils aufgrund eines nur zu erwartenden – an die fehlende Einbeziehung Berlins ist ja schon erinnert worden – einfach nachvollzogen werden mußte, um die Verfassung zu vervollständigen. Es wurden darüber hinaus viele Anpassungen im Laufe der Zeit notwendig. Ich erwähne nur die Wehrverfassung, die 1956 als größerer Block in das Grundgesetz eingefügt werden mußte, ich nenne weiter die Notstandsverfassung von 1968, und ich möchte daran erinnern, daß wir zahlreiche Änderungen der Finanzverfassung und der Haushaltsverfassung hatten, die größte 1969. Diese Einfügungen haben wichtige Verfassungsinhalte nachgebessert und mit Änderungen für das Bund-Länder-Verhältnis Grundlegendes geregelt, aber letztlich haben sie die Grundstruktur der Verfassung nicht verändert.

Unter Übergehung vieler kleiner Änderungen und Einfügungen erwähne ich aus den 90er Jahren die Regelungen in Bezug auf Europa, also vor allen Dingen Art. 23 GG n.F., aber auch Art. 28 Abs. 1 und Art. 88 GG, die im Zuge des Maastrichter Vertrages geändert wurden. Ihnen vorausgegangen waren wiedervereinigungsbedingte Änderungen: die Präambel, die Änderung des Art. 146 GG und die Streichung des Art. 23 GG a.F. sowie die Modifikation einer Reihe anderer Artikel. Auch sie tasteten ebenfalls das Grundgesetz in seiner Substanz nicht an, wiewohl die Erhöhung des Stimmgewichts der vier großen

„alten" Länder im Bundesrat den kleinen, vor allem den „neuen" Ländern nicht geschmeckt hatte.

Entscheidend wurde für Deutschland 1990 etwas anderes: Es war das Grundgesetz, dem die Menschen in den wiedererrichteten „neuen" Bundesländern, die freilich teilweise eine lange Tradition aufwiesen, ihre Zustimmung gegeben haben. Die Beitrittserklärung lautete ausdrücklich: „Wir treten dem Grundgesetz bei", obwohl man ja nur einem Staatsverband, nicht aber einer Verfassung beitreten kann. Doch die Konsequenz des Art. 23 a.F. war wesentlich, daß nämlich das Grundgesetz aufgrund dieses Beitritts auch im wiedervereinigten Deutschland gilt.

Zuletzt kamen einige zwar seltene, aber immerhin beschlossene Änderungen im Grundrechtsbereich dazu: Die Art. 16, 16a und 13 GG sind 1998 und 1999 geändert worden, nachdem Art. 10 und 19 Abs. 4 GG schon 1968 modifiziert wurden. Das waren keine schlanken Änderungen, das waren ungeheuer wortreiche Änderungen, die gleichsam die Ausführungsregelung in den Verfassungstext mit einbezogen. Ich möchte dies dahingehend kennzeichnen, daß das Verfassungshandwerk der jüngeren Zeit nicht unbedingt auf der Höhe der Verfassungsschöpfer von 1948/49 steht. Man könnte noch viel in der Sache über diese Änderungen sagen; doch muß die Kritik an diesem Ort und zu dieser Zeit beiseite bleiben.

Im Reigen der verwirklichten oder angedachten Verfassungsänderungen ist auch an die beiden Kommissionen zu erinnern, die für grundsätzliche Verfassungsreformen tätig waren. In den 70er Jahren war es die Enquête-Kommission Verfassungsreform, die im Ergebnis deutlich gemacht hat, daß das Grundgesetz eine Verfassung ist, die sich bewährt hat und deshalb keiner grundlegenden Veränderung bedarf. Die Gemeinsame Verfassungsreform-Kommission von Bundestag und Bundesrat hat nach der Wiedervereinigung in den 90er Jahren größere Änderungen mit auf den Weg gebracht. Aber auch sie haben die Grundsubstanz des Grundgesetzes unverändert gelassen. Im Resümee gilt: Das Grundgesetz ist zwar nicht mehr das alte geblieben, aber es ist in der Substanz doch noch immer das Grundgesetz, wie es 1949 geschaffen wurde.

Im Verlauf der vielen Veranstaltungen zum Jubiläum des Grundgesetzes hat Herr Kollege *Grimm* unlängst in Bonn bei dem vom Bundesinnenministerium veranstalteten Verfassungskongreß die Frage aufgeworfen: „Hat sich das Grundgesetz bewährt? Was sind die Kriterien für die Güte einer Verfassung?" Er meinte mit kritischem Unterton, das Grundgesetz sei in vielen Punkten nicht mehr auf der Höhe der Zeit. Aus der Erinnerung zitiert: „Sein glänzender, äußerer Geltungswert und seine innere Gestaltungskraft sind nicht mehr kongruent". „Die Politik", so sagte er weiter, „hat sich Wege neben der Verfassung geebnet, vor allem im Bund/Länder-Bereich". Auch Herr Kollege *von Arnim* hat vor wenigen Tagen in der „Welt am Sonntag" geschrieben, daß sich hinter dem Grundgesetz eine neue Verfassung, eine Verfassung der Verfassung entwickelt habe.

Ich meine, daß diese kritischen Untertöne weder den Stil des Grundgesetzes noch seine Funktion treffen. Für mich bleibt es eine bewährte und vor allen Dingen eine vom Volk akzeptierte Verfassung, auf deren Grundlage seither viele Bundestagswahlen durchgeführt worden sind und die alle incidenter das Grundgesetz bejaht und vom Volk her legitimiert haben. Die Diskussionen über eine erforderliche Volksabstimmung zu dieser Verfassung sind darum nicht mehr angebracht. Aber – das ist kritisch anzumerken – die treffliche Qualität der Verfassung bedeutet noch nicht, daß auch der Staat in einer guten Verfassung ist. Da sehe ich in der Tat eine Reihe politischer Probleme, die sich vor allen Dingen im Bereich der Globalisierung der Wirtschaft, der Internationalisierung unseres Staates, aber auch etwa bei technischen Revolutionen, insbesondere im Kommunikationsbereich, stellen. In diesen Zusammenhang gehört auch das Thema Reform im Steuer- und Rentenwesen, im Bildungswesen und vor allem die Bekämpfung der Arbeitslosigkeit. Die Lösung dieser großen und schwierigen Aufgaben ist kein Thema der Verfassung und ihrer Veränderungen. Sie setzt in dieser Hinsicht keine Schranken. Es kommt vielmehr darauf an, was die verantwortlichen Politiker und das politische Führungspersonal insgesamt aus diesen Problemen machen. Für die Auswahl der geeigneten Politiker zur Bewältigung der gestellten Aufgaben sind wir alle verantwortlich, vorab die politischen Parteien bei der Auslese.

Wenn ich die Reden in Bonn und Berlin, die Vorträge, die Zeitungsartikel und Fachzeitschriften-Artikel anläßlich des 50jährigen Jubiläums des Grundgesetzes richtig gelesen oder gehört habe, dann schien mir bei den offiziellen Feiern etwas zu kurz gekommen zu sein: der europäische Kontext, in den das Grundgesetz gestellt worden ist. Ich meine jetzt nicht die gemeinschaftsrechtlich induzierten Veränderungen, wie die Art. 23 und 88 GG oder auch die Einbeziehung der Unionsbürger in das kommunale Wahlrecht, sondern ich meine die Frage der Vorbildwirkung, die Ausstrahlungswirkung des Grundgesetzes auf andere Verfassungen, insbesondere die jüngeren und jüngsten europäischen Verfassungen. Auf diese Thematik möchte ich im folgenden eingehen. Ungeachtet der Tatsache, daß das Grundgesetz auch jenseits des europäischen Kontinents eine Rolle spielt, z.B. für die Verfassungen Südafrikas und Namibias, für zahlreiche süd- oder mittelamerikanische Verfassungen oder ehemalige Staaten der Sowjetunion, möchte ich mich heute auf Europa konzentrieren.

II.

In diesem Bereich können wir für die letzten fünf Jahrzehnte feststellen, daß in zwei Phasen die europäischen Nationen bei ihren Verfassungsänderungen oder bei der Neuschaffung ihrer Verfassungen maßgeblich auf das Grundgesetz gesehen haben. Teilweise galt sogar, wie mein amerikanischer Freund und Kollege *Donald P. Kommers* bemerkte, daß das Grundgesetz die amerikanische Verfassung als Referenzmodell abgelöst hat. In der ersten Phase, in den 70er Jahren, haben Griechenland, Portugal und Spanien, die sich aus einer Diktatur herausgelöst haben und ihre totalitär regierten Staaten in demokratische und freiheitliche Staaten umgewandelt haben, das Grundgesetz zum Vorbild genommen. In der zweiten Phase, in den späten 80er Jahren und beginnenden 90er Jahren, haben sich die ehemals kommunistischen und sozialistischen Länder Ostmitteleuropas, vor allen Dingen Ungarn, Polen, die Tschechische Republik, die Slowakei, Slowenien, Kroatien und die baltischen Staaten, immer wieder am Grundgesetz orientiert. Das Grundgesetz wurde mindestens Vergleichsmaßstab, teilweise sogar Vorbild in der wörtlichen Übernahme von Formulierungen von Verfassungsvorschriften oder jedenfalls in der sachlichen Entsprechung.

Das möchte ich Ihnen an vier charakteristischen Aspekten deutlich machen: den Grundrechten, der Demokratie, dem sozialen Rechtsstaat und zum vierten der Verfassungsgerichtsbarkeit. Am Schluß möchte ich noch auf den Gedanken der europäischen Verfassungshomogenität eingehen.

1. Alle neuen Verfassungen in Europa enthalten heute ausführliche Grundrechtskataloge, überwiegend an die Spitze der Verfassung gestellt, um ihren hohen Rang zu betonen. Sie sollen ganz offensichtlich, um ein Wort von *Carlo Schmid* aus der Entstehungsgeschichte des Grundgesetzes aufzugreifen, nicht nur ein „Anhängsel" der Verfassung sein, sondern diese im Gegenteil „regieren".

Eine Vielzahl der süd-, ostmittel- und osteuropäischen Länder haben den Schutz der Menschenwürde in ihre neuen Verfassungen aufgenommen und damit eine für das Verständnis von Individuen und Staat elementare Wertentscheidung getroffen. Als Vorbild diente dabei häufig Art. 1 Abs. 1 GG, dessen Formulierung bisweilen wörtlich rezipiert wurde. Auch im Bereich der meisten individuellen Freiheitsrechte, die den Kern des modernen Menschen- und Grundrechtsschutzes bilden, hat das Grundgesetz Impulse für zahlreiche neue Verfassungen gegeben. Zuvörderst kann hier das Grundrecht auf freie Entfaltung der Persönlichkeit (Art. 2 Abs. 1 GG) genannt werden, das zum Beispiel in Griechenland nahezu wörtlich übernommen wurde. Das vom Bundesverfassungsgericht aus Art. 2 Abs. 1 in Verbindung mit Art. 1 Abs. 1 GG abgeleitete „Grundrecht auf informationelle Selbstbestimmung" wird in zahlreichen neuen Verfassungen mittlerweile ausdrücklich gewährleistet.

Auch bei der Aufnahme von Grundrechten der demokratisch-politischen Sphäre orientieren sich viele neue Verfassungen am Grundgesetz. Alle süd-, ostmittel- und osteuropäischen Staaten garantieren die Meinungs-, Informations- und Pressefreiheit sowie die Versammlungs- und Vereinigungsfreiheit, wobei einzelne Formulierungen deutlich von Art. 5 Abs. 1, Art. 8 Abs. 1 und Art. 9 Abs. 1 GG inspiriert worden sind. Die Informationsfreiheit ist darüber hinaus im Rahmen der jüngsten verfassunggebenden Welle in zahlreichen ostmittel- und osteuropäischen Verfassungen nunmehr als verfassungsrechtlich verbürgter Anspruch auf Herausgabe bestimmter staatlicher Informationen ausgestaltet worden.

Teilweise weitergehend als das Grundgesetz enthalten die neuen Verfassungen ganz überwiegend ausführliche Kataloge von wirtschaftlichen und sozialen Grundrechten, mitunter allerdings nicht als subjektive Rechte ausgestaltet. Die Festlegung sozialer Grundrechte dürfte noch auf den Einfluß der jeweiligen älteren Verfassungen zurückzuführen sein und wird manchmal als „sozialistisches Erbe" angesehen.

Deutlich erkennbar ist auch die Ausstrahlungswirkung der Rechtsschutzgarantie des Art. 19 Abs. 4 GG auf das ausländische Verfassungsrecht. Die Vielzahl der neuen Verfassungen enthalten eine dieser Vorschrift vergleichbare Generalklausel, die den Rechtsweg eröffnet, wenn sich der einzelne durch einen Akt hoheitlicher Gewalt in seinen Rechten verletzt fühlt. Für die meisten ostmittel- und osteuropäischen Staaten stellt diese umfassende Rechtsschutzmöglichkeit ein Novum dar, da nach ihren älteren Verfassungen das Enumerationsprinzip galt, wonach Gerichtsschutz nur dann gewährt wurde, wenn er ausdrücklich gesetzlich eröffnet war.

Gewichtiger als die ohne weiteres vermehrbare einzelgrundrechtliche Rezeption, die angesichts der gemeinsamen geistesgeschichtlichen Wurzeln der Grundrechte im europäisch-atlantischen

Kulturkreis nicht überrascht, ist die breite und nachhaltige Übernahme der allgemeinen Grundrechtslehren, vor allem der fundamentalen Bestimmungen des Art. 19 Abs. 1 und Abs. 2 GG, sowie der verschiedenen von der deutschen Staatsrechtswissenschaft und vom Bundesverfassungsgericht gefundenen grundrechtsdogmatischen Lösungen. Das soll nach drei Richtungen hin dargelegt werden.

Erstens: Die Konzeption der „Doppelfunktion der Grundrechte", der zufolge die Grundrechte nicht nur subjektive Rechte, sondern auch objektiv-rechtliche Gehalte enthalten, ist im Ausland weitgehend rezipiert worden. Beide Funktionen werden zum Teil ausdrücklich in den neuen Verfassungen, mindestens aber in der Rechtsprechung verschiedener Verfassungsgerichte betont.

Ebenso deutlich ist zweitens die Rezeption der vom Bundesverfassungsgericht und der deutschen Staatsrechtswissenschaft entwikkelten Lehre von der „Drittwirkung der Grundrechte", genauer: der Ausstrahlungswirkung auf den Bereich des Privatrechts, insbesondere in den neuen südeuropäischen Verfassungsordnungen, erkennbar. Das spanische Verfassungsgericht zum Beispiel ist auch der vom Bundesverfassungsgericht und im deutschen Schrifttum mehrheitlich vertretenen Auffassung einer im Kern nur mittelbaren Wirkung der Grundrechte zwischen Privatrechtssubjekten gefolgt. Dabei wird in Spanien sogar der Begriff Drittwirkung zur Kennzeichnung des Problems verwendet.

Drittens stand das Grundgesetz vielfach Pate bei der Aufnahme zweier verfassungsrechtlicher Prinzipien über die Beschränkbarkeit von Grundrechten. So haben eine Vielzahl der Verfassunggeber zum einen die in Art. 19 Abs. 2 GG normierte Wesensgehaltsgarantie garantiert, in Portugal, Spanien, Ungarn, Polen und Estland sogar fast wörtlich. Aber es finden sich auch andere Formulierungen, die der Sache nach keinen Unterschied bedeuten. Die griechische Verfassung etwa enthält demgegenüber expressis verbis keine gleichsinnige Bestimmung, aber die Wesensgehaltsgarantie hat Eingang in die griechische Verfassungsrechtsprechung gefunden. In diesem Zusammenhang diskutiert man häufig auch die aus der deutschen Diskussion stammenden Theorien des „absoluten" bzw. „relativen" Wesensgehalts zur näheren Bestimmung unzulässiger Eingriffe in geschützte Grundrechtspositionen.

Zum anderen hat auch der Grundsatz der Verhältnismäßigkeit seinen Weg in alle neuen Verfassungsordnungen der süd- und ostmitteleuropäischen Staaten gefunden. Grundrechtliche Beschränkungen sind danach insbesondere nur dann verfassungsmäßig, wenn sie keinen übermäßigen, unzumutbaren Eingriff bedeuten.

Sofern dieser Grundsatz nicht ausdrücklich in den Verfassungen normiert wurde, hat er jedenfalls Einzug in die jeweilige verfassungsgerichtliche Praxis gehalten.

2. Sowohl die südeuropäischen Länder als auch alle Länder Ostmittel- und Osteuropas bekennen sich in ihren neuen Verfassungen zur Demokratie. Das deutsche Grundgesetz stand sowohl bei der Grundsatzaussage als auch bei einzelnen konkreten Ausgestaltungen Pate. Eine Vielzahl der neuen Verfassungen normiert das Prinzip der Demokratie und der Volkssouveränität in einer Form, die sich deutlich am Art. 20 Abs. 1 und Abs. 2 GG orientiert, teilweise schon in der Präambel, hauptsächlich aber in den einleitenden Bestimmungen zur Staatsorganisation. Alle neuen Verfassungen entscheiden sich für die parlamentarische Demokratie, teilweise allerdings mit präsidialem Einschlag nach französischem Vorbild, wie etwa Polen, Tschechien, die Slowakei, Kroatien, Lettland und Litauen. Plebiszitäre Elemente kennen die neuen Demokratien in weitaus größerem Umfang als das Grundgesetz. So können zum Beispiel in Polen durch den Präsidenten oder das Parlament Referenden über „Angelegenheiten von besonderer Bedeutung" angeordnet werden. Einige Verfassungen gehen noch weiter und ermöglichen auch Volksinitiative und Volksbegehren. Das könnte Anlaß sein, auch in Deutschland über die Einführung plebiszitärer Komponenten nachzudenken, obwohl sie in der Gemeinsamen Verfassungskommission von Bundestag und Bundesrat keine Zweidrittelmehrheit gefunden haben.

Den stärksten Einfluß auf die Ausgestaltung des Demokratieprinzips hat das Grundgesetz jedoch bei der rechtlichen Neuordnung des Parteienwesens ausgeübt. Im Zuge der Ablösung der Einparteien-Regime durch ein modernes parteienpluralistisches System hat man sich mehr oder weniger an der vom Grundgesetz geprägten Parteiendemokratie orientiert. Vielfach übernommen wurde der verfassungsrechtliche Status der politischen Partei, wie er in Art. 21 Abs. 1 GG verankert worden ist. Rezipiert wurden in diesem Zusammenhang auch die in der Rechtsprechung des Bundesverfassungsgerichts entwickelten Grundsätze über die staatliche Parteienfinanzierung und die Chancengleichheit der politischen Parteien. Zahlreiche Verfassunggeber haben zum Schutz ihrer neu errichteten Verfassungsordnung schließlich auch den Gedanken der wehrhaften Demokratie aufgegriffen.

3. Auf deutlichen Einfluß des Grundgesetzes zurückzuführen ist vor allem das ausdrückliche Bekenntnis der neuen süd-, ostmittel- und

osteuropäischen Verfassungen zum Rechtsstaat – eine Wortprägung, die in der englischen und französischen Sprache keine Entsprechung hat, sondern nur umschrieben werden kann. Die Idee des Rechtsstaates – in Abgrenzung zum absoluten Staat oder zum Unrechtsstaat – gehört neben dem Demokratieprinzip zu den staatsorganisatorischen Schlüsselbegriffen beim Wechsel von totaliären Herrschaftsformen zu freiheitlichen Staats- und Gesellschaftsordnungen. Rechtsstaatlichkeit als an der Gerechtigkeit orientiertes grundlegendes Ordnungsprinzip des Grundgesetzes umschreibt – wenn man es kurz und stark vereinfacht formulieren will – die rechtliche Bindung aller staatlichen Macht auf der Grundlage bestimmter Verfassungsprinzipien, im besonderen der Gewaltenteilung, der Höchstrangigkeit der Verfassung und der Gewährleistung einklagbarer subjektiver Rechte des Individuums gegen den Staat. Dieses in Art. 1 Abs. 3 GG für die Grundrechte besonders und allgemein in Art. 20 Abs. 3 GG niedergelegte Bekenntnis findet sich in ähnlicher Form in nahezu allen neuen Verfassungen wieder. Durchgängig rezipiert wurde auch der in Art. 20 Abs. 3 GG niedergelegte Grundsatz der Gesetzmäßigkeit der Verwaltung in seinen beiden Ausprägungen als Vorbehalt des Gesetzes und als Vorrang des Gesetzes. Nach der Abkehr von den sozialistischen und kommunistischen Staatsstrukturen, die auf Gewaltenkonzentration und Zentralität der Macht aufbauten, verbürgen die neuen Verfassungen unzweideutig den Grundsatz der Gewaltenteilung, wobei entgegen *Montesquieu* der Gerichtsbarkeit eine herausragende Rolle zugemessen wird.

Auch das Sozialstaatsprinzip – wiewohl im Grundgesetz nur in Kombination mit dem Rechtsstaats- bzw. Bundesstaatsprinzip formuliert – hat Eingang in verschiedene neue Verfassungen Südost-, Mittel- und Osteuropas gefunden. Neben der positiven Normierung von sozialen Grundrechten werden mithin auch dort soziale Sicherheit und soziale Gerechtigkeit als Grundkategorien der Sozialstaatlichkeit wie in der Bundesrepublik ausdrücklich zum Staatsziel erhoben.

4. Im Zuge der Rückkehr der südost-, mittel- und osteuropäischen Staaten zu demokratisch-rechtsstaatlichen Gemeinwesen hat die Verfassungsgerichtsbarkeit nochmals einen deutlichen Aufschwung erlebt. War dem teilweise schon zu Zeiten kommunistischer Herrschaft existierenden, aber kaum als echte Gerichte zu qualifizierenden sogenannten Verfassungsräten nach dem Prinzip der Einheit der Staatsgewalt – zentriert in der Volksvertretung – noch relativ wenig Durchschlagskraft beschieden, so sollen die nach dem Zu-

sammenbruch der totalitären Regime errichteten Verfassungsgerichte die demokratisch-rechtsstaatliche Verfassungsstaatlichkeit maßgeblich festigen. Die deutsche Verfassungsgerichtsbarkeit war hierbei fast durchweg Vorbild.

Bei der Entscheidung zugunsten eines institutionell eigenständigen Verfassungsgerichts haben sich in der 70er Jahren Griechenland, Portugal und Spanien stark am deutschen und österreichischen Modell orientiert. Im östlichen Europa errichtete Polen im Jahre 1982 – damals noch als sozialistisches Land mit Bestrebungen zur Wiedereinführung der Rechtsstaatlichkeit nach der Solidarcnòsć-Bewegung – einen Verfassungsgerichtshof, der allerdings erst 1986 seine Tätigkeit aufnahm. Dieses Verfassungsgericht ist mittlerweile durch ein mit der neuen polnischen Verfassung von 1997 geschaffenes Verfassungstribunal ersetzt worden. Die Idee der verselbständigten Verfassungsgerichtsbarkeit hat inzwischen einen Siegeszug durch ganz Osteuropa angetreten. Nicht anders verfuhren Lettland und Litauen. Allein die estnische Verfassung sieht demgegenüber – wohl unter skandinavischem Einfluß stehend – eine dezentralisierte Normenkontrolle nach dem Modell des amerikanischen Judicial Review vor, wonach jedes Gericht berechtigt und verpflichtet ist, jede entscheidungserhebliche Norm auf ihre Verfassungsmäßigkeit zu prüfen und im Falle ihrer Verfassungswidrigkeit nicht anzuwenden.

Das deutsche Bundesverfassungsgericht diente auch bei Bestellung der Verfassungsrichter als Orientierungsmaßstab, wenngleich man in vielen Staaten eigene Wege gegangen ist. Die delikaten Probleme einer sachgerechten Regelung über die Berufung der Mitglieder der Verfassungsgerichte sind bekannt und gerade in Deutschland vielfach erörtert worden. Als Verfassungsorgane haben die Verfassungsgerichte Anteil am politischen Prozeß, vor allem an der Verfassungsrechts-Fortbildung; ihre demokratische Legitimation muß daher über alle Zweifel erhaben sein. Als Teil der rechtsprechenden Gewalt müssen Verfassungsrichter unabhängig sein. Ganz überwiegend haben sich die neu demokratisierten Staaten für eine Bestellung der Verfassungsrichter durch politische Organe entschieden. Aber nur wenige haben die Auswahl der Richter nach dem Vorbild des Grundgesetzes ausschließlich den gesetzgebenden Körperschaften überlassen, wie zum Beispiel Portugal, Polen, Ungarn und Kroatien. Nach den meisten neuen Verfassungen oder Verfassungsgerichtsgesetzen wird das Staatsoberhaupt in den Auswahlprozeß mit einbezogen, um den bei Wahlen durch die Parlamente notwendigerweise bestehenden Einfluß der politischen Par-

teien zu begrenzen. Dabei hat man verschiedene Lösungen gefunden: In Slowenien wird dem Staatsoberhaupt ein Vorschlagsrecht
eingeräumt, in Spanien und in der Slowakei ernennt es die Verfassungsrichter auf Vorschlag des Parlaments, in Tschechien nur mit
dessen Zustimmung. Manchmal wird sogar die Judikative am Be-
stellungsprozeß beteiligt, so zum Beispiel in Litauen, wo das Parlament je drei Verfasungsrichter auf Vorschlag des Staatspräsidenten,
des Parlamentspräsidenten und des Präsidenten des obersten Ge-
richts wählt. Mit diesen unterschiedlichen Beteiligungsformen
nicht-parlamentarischer Organe haben diese Länder gute Erfahrun-
gen hinsichtlich der Qualität ihrer Verfassungsrichter gemacht. Man
sollte auch in Deutschland über diesen Wahlmodus nachdenken.

Den Verfassungsgerichten ist die Aufgabe zugewiesen, den Vorrang der Verfassung innerhalb der Rechtsordnung sicherzustellen.
Um dieser Rolle als Hüter der Verfassung zu entsprechen, hat man
die jüngeren Verfassungsgerichte ebenso wie die deutsche Verfassungsgerichtsbarkeit mit umfassenden Kompetenzen ausgestattet,
häufig in ausführlichen Zuständigkeitskatalogen unter Übernahme
des aus dem Grundgesetz bekannten Enumerationsprinzips und
der für die Gesetzgebung offenen Klausel des Art. 93 Abs. 2 GG.
Die wichtigste Zuständigkeit ist hierbei die Kontrolle der Gesetze
auf ihre Verfassungsmäßigkeit. In dieser Hinsicht ist man vom deutschen Modell insofern abgewichen, als die Verfassungsgerichte die
verfassungswidrigen Normen nicht ex tunc für nichtig erklären,
sondern nach der österreichischen Vernichtbarkeitslehre eine Un-
wirksamkeit ex nunc aussprechen. Unter praktischen Gesichts-
punkten hat diese Lösung beachtliche Vorzüge, da die aufgrund einer verfassungswidrigen Norm ergangenen Hoheitsakte nicht gene-
rell, sondern nur ausnahmsweise unwirksam sind oder aufgehoben
werden müssen. Die Verfassungsgerichte können auch den Aufhe-
bungszeitpunkt der Norm in jedem Einzelfall bestimmen.

Als bedeutendste Rezeption im Bereich der Verfassungsgerichtsbarkeit ist die Gewähr eines verfassungsrechtlichen Individual-
rechtsschutzes durch eine Verfassungsbeschwerde nach dem Vorbild des Art. 93 Abs. 1 Nr. 4a GG vorgesehen. Mitunter kann man
dabei nicht gegen konkrete Hoheitsakte, sondern nur gegen das
dem Hoheitsakt jeweils zugrundeliegende Gesetz vorgehen. Wie
beim deutschen Bundesverfassungsgericht ist hierbei allerdings
auch die Überlastung der Verfassungsgerichte die Folge, so besonders in Spanien und Ungarn, so daß man sich hier zu Novellierun-
gen gezwungen sah.

III.

Die europäischen Staaten stehen in diesen Tagen vor einer außerordentlichen Herausforderung, die neben der Lösung der balkanischen Katastrophe eine Besinnung auf ihre Identität, ihre gemeinsamen historischen Wurzeln und ihre politische Zukunft als Gemeinschaft, die Recht und Kultur verpflichtet ist, verlangt. Das Modell der Verfassungsstaatlichkeit, das sich nach dem Zweiten Weltkrieg zunächst im westlichen Europa durchgesetzt hat und seit einem Jahrzehnt weithin auch im ehedem jenseits des Eisernen Vorhangs liegenden Europa bis in verschiedene Staaten der ehemaligen Sowjetunion Ausbreitung gefunden hat, kann hierzu einen wichtigen Beitrag leisten. Bisweilen sprach man sogar von einer anbrechenden Weltstunde des Verfassungsstaates (P. Häberle). Das mag zu weit gegriffen sein, blicken wir in große Teile des Globus', denen der europäisch-atlantische Typ der Verfassungsstaatlichkeit fremd geblieben ist . Aber ist nicht schon viel erreicht, wenn wir in der europäischen Verfassungsentwicklung von einem „gemeineuropäischen Verfassungsrecht" sprechen dürfen? Aus der historisch gewachsenen Kultur- und Wertegemeinschaft ist mittlerweile auch eine Rechtsgemeinschaft geworden. Seit geraumer Zeit finden sich im engeren wie weiteren europäischen Rechtskreis, namentlich in der Rechtsprechung des Gerichtshofs der Europäischen Gemeinschaft, des Europäischen Gerichtshofs für Menschenrechte, der Verfassungs- und Europarechtswissenschaft und auch in der Rechtsprechung des Bundesverfassungsgerichts vielfach Bezugnahmen auf „allgemeine Rechtsgrundsätze", „gemeinsame Verfassungsüberlieferungen der Mitgliedsstaaten" oder eine jahrhundertelange „gemeineuropäische Rechtsüberlieferung und Rechtskultur". Ein intensiver und systematischer Verfassungsvergleich muß diese zunächst noch abstrakten Chiffren inhaltlich mit Leben erfüllen. Auch hat die vergleichende Analyse der einzelnen europäischen Verfassungen und die Herausarbeitung von Gemeinsamkeiten einen wesentlichen Beitrag in der gegenwärtigen europäischen Verfassungsdebatte zu leisten. Nachdem sich die zur Zeit noch 15 Mitgliedsstaaten der Europäischen Union vertraglich dazu entschlossen haben, den eingeleiteten Prozeß der europäischen Integration auf eine neue Stufe zu heben, wird mittlerweile lebhaft über eine zukünftige europäische Verfassung, eine europäische „Charta" oder einen Verfassungsvertrag nachgedacht, sofern man solches nicht schon in den meines Erachtens in dieser Hinsicht zu sparsamen Gründungsverträgen, vor allem was die demokratischen Prinzipien und die grundrechtliche Konkretisierung betrifft, erblicken will. Ob unsere Zeit für eine europäische Verfassung reif ist, muß an dieser Stelle

20

offenbleiben. Sicher ist jedoch: Die weitere politische Integration im
Rahmen der Europäischen Union setzt unweigerlich übereinstimmen-
de Grundzüge der Verfassungen der einzelnen Mitgliedsstaaten voraus;
denn nur eine gemeinsame Verfassungsrechtskultur wird die Grundlage für eine zukünftige politische Union und vor allem für eine Consti-
tutio Europaea bilden können.

Bei allen Unterschieden in den Staatsverfassungen im einzelnen,
etwa im Bereich der Staatsorganisation, wo sich föderative und unitari-
sche Systeme gegenüberstehen, die sich jedoch vor allem im Rahmen
der Europäischen Union durch das Bekenntnis zum Regionalismus
und zur Subsidiarität nunmehr wechselseitig annähern, läßt sich in den
Grundzügen ein gemeineuropäisches Verfassungsrecht, ein ehedem
dem Römischen Recht vergleichbares Jus Publicum Europaeum, er-
kennen. Das gilt besonders nach den verfassungsrechtlichen Umgestal-
tungen für die ost-mitteleuropäischen Staaten im Zuge ihrer Rückkehr
nach Europa. Der aus den Entwicklungen in England, den Vereinigten
Staaten von Amerika und Frankreich seit drei Jahrhunderten hervorge-
gangene europäische Verfassungsstaat der Neuzeit verbürgt schon
heute Konformität in den verfassungsstaatlichen Prinzipien der Volkssouveränität, der Demokratie, der Herrschaft des Rechts, der Gewaltenteilung, der Menschen- und Grundrechte und deren effektiven
Schutzes, so daß die Konstitution Europas auf dem Boden dieser gemeinsamen Überlieferungen näherrückt.

Daß das Grundgesetz der Bundesrepublik Deutschland hierfür
einen beachtlichen Beitrag geleistet hat, darf uns Deutsche mit Stolz erfüllen. Vor 50 Jahren hat niemand von einem deutschen Verfassungs-
rechts-Export zu träumen gewagt; aber im Laufe der Zeit hat das
Grundgesetz Magnetwirkung entfaltet und nimmt heute teil an der
großartigen europäischen Rechtskultur, an der so viele Nationen mit-
gewirkt haben. Es hat dazu beigetragen, daß die Europäisierung der na-
tionalen Verfassungsordungen fortgeschritten ist; es hat verhindert,
daß das Verfassungsrecht zur „Landesjurisprudenz" verkümmert ist,
wovor *Rudolph von Ihering* schon vor langer Zeit gewarnt hat. Dem
Maler *Oskar Kokoschka* wird das Bonmot zugeschrieben, Europa sei
eigentlich kein geographischer, sondern ein kultureller Weltteil. Achten
wir darauf, daß er auch ein solcher gemeinsamen Rechts wird, vor allem dann, wenn man das Recht auch als Teil der Kultur begreift.

www.ingramcontent.com/pod-product-compliance
Lightning Source LLC
Chambersburg PA
CBHW050647190326
41458CB00008B/2455